LA *BRUJA* DE LOS DEDOS *VERDES*

Picarona

Para Isla, Leo y Molly, y para Stephen,
mi padrastro de dedos verdes – H. D.

Para el mágico
River Espinosa Chatterton – S. L.

Puedes consultar nuestro catálogo en www.picarona.net

La bruja de los dedos verdes
Texto: *Helen Docherty*
Ilustraciones: *Steven Lenton*

1.ª edición: octubre de 2025

Título original: *The Green-Fingered Witch*

Traducción: *Júlia Gumà*
Maquetación: *El Taller del Llibre, S. L.*
Corrección: *Sara Moreno*

© 2024, Helen Docherty por el texto
© 2024, Steven Lenton por las ilustraciones
Obra original publicada por HarperCollins Children's books en UK en 2024
www.harpercollins.co.uk
(Reservados todos los derechos)

© 2025, Ediciones Obelisco, S. L.
www.edicionesobelisco.com
(Reservados los derechos para la lengua española)

Edita: Picarona, sello infantil de Ediciones Obelisco, S. L.
Collita, 23-25. Pol. Ind. Molí de la Bastida
08191 Rubí - Barcelona - España
Tel. 93 309 85 25
E-mail: picarona@picarona.net

ISBN: 978-84-9145-832-6
DL B 8.427-2025

Printed in Malaysia

LA *BRUJA* DE LOS DEDOS *VERDES*

Helen Docherty

Ilustraciones de Steven Lenton

Son casi las ocho, y es la primera noche en la Escuela de Brujas,
la clase estaba lista, pero faltaba una, ¡qué granuja!
Al llegar intentó esconderse al final de la cola.
La Sra. Bru negó con la cabeza; no había dicho ni hola...

Esta última bruja era **extraña**. Había algo que no cuadraba:

el peto, las botas... ¡Y ni el sombrero llevaba!

¡Hasta su pelo estaba sospechosamente limpio!

Pero sus dedos eran **verdes**, ¡y eso de **bruja** era indicio!

—¿Cuál es tu nombre, brujita forastera?
¿Y por qué no llevas el vestido reglamentado?

—Mi nombre es **Dora**, profesora.
Y aquí lo tengo, no se me ha olvidado.

Dieron **escobas** a cada bruja, todas tenían su turno.

Y la Sra. Bru dijo: —**Esto os será fácil**, os lo aseguro.

Mientras las otras jóvenes brujas volaban sin cesar,
a la pobre Dora le costaba mucho despegar.
—¡Vamos, escoba! –susurró–. Pero su escoba tembló.
Saltó en el aire...

... y a Dora al río tiró.

Llegó la hora de los **hechizos**, ¡a practicar!
—Éste **es** sencillo –dijo la Sra. Bru al empezar–.
Tomad los ingredientes y no dudéis
que, con estas palabras, el **hechizo** lograréis.

Las demás ya habían terminado hacía mucho tiempo,
pero Dora notaba que su hechizo no era un acierto.
Su pócima bullía, con creciente fervor.
Y presentía que el final sería un gran error...

Los resultados del hechizo eran difíciles de ignorar;
cubrieron el **techo**, las **paredes** y el **suelo**, ¡no podía mirar!
¿Qué bruja había hecho este **desastre ahora**?
La Sra. Bru ya lo sabía: ¡**sólo podía ser Dora**!

Dora estaba **avergonzada**.
Se sentía un poco tontuela.
¿Quizás ella no pertenecía
a esta **escuela**?

Dora llegó a casa y empezó a bostezar.
El Sol ya asomaba; ¡qué bello despertar!
Las brujas dormían de día, eso ya lo sabía,
¡pero Dora tenía mil cosas que hacer durante el día...!

Como plantar **coles**,
guisantes y **habas**,

cebollas y ajos
¡para las ensaladas!

Cosechar **manzanas**
y **todo tipo de calabazas**;
y no nos podemos olvidar
¡de lavar bien las **patatas**!

Y mientras sus **dedos verdes** trabajaban con rapidez, Dora pensaba que por mucho que lo intentara le iba a costar mucho aprender **a hacer magia**.

De vuelta en la escuela, sus esfuerzos seguían **sin valer**.

Su vuelo era un desastre y sus pociones empezaban a oler.

Cuando sus amigas se volvieron invisibles..., ¡zas!

Dora seguía ahí plantada.

¿Por qué no podía hacerlo? No era justo... ¡Para nada!

Se acercaba Halloween: una noche de emoción,
era la oportunidad para que las brujas mostraran su don.
Sólo Dora estaba triste. Su ánimo estaba por los suelos.
No podía **hacer magia**; ¡no tenía ni un consuelo!

A finales de octubre, la Sra. Bru perdió su voz, ¡qué tragedia!
Las clases se cancelaron, no podía enseñar la materia.
¡Y peor aún! Todas las calabazas que debían haber llegado
se cayeron de un camión... ¡Ninguna se había salvado!

¡NO ESCUELA, NO CALABAZAS!

—Señora Bru, ¿podría crear usted calabazas **mágicas**, por favor?

Pero **sin voz no hay hechizos**, ¡es un horror!

¿Un Halloween sin calabazas? ¡Esto no puede ser!

—Yo puedo ayudar –dijo Dora–,

¡si me seguís lo vais a ver!

Sus amigas vieron **asombradas** su cosecha.

—¡Madre mía, Dora! ¡Qué destreza!

Tomaron **una calabaza** cada una (Dora tenía de sobra, ¡vaya fortuna!).
Luego las llevaron a la escuela con cuidado ¡para que no se rompiera ninguna!

Las brujas trabajaron con gran afán,
cada una eligió un grupo, ¡qué plan!

Unas tallaron las
lindas calabazas,

mientras que otras hacían sopas

y preparaban las tazas.

La Sra. Bru probó la sopa y su voz regresó.
—Todas tenéis un gran talento, os lo digo yo.
Dora, eres una estrella, has salvado la fiesta.
¡Qué suerte que tus dedos sean verdes como la menta!

Y ahora, Dora está feliz; pues ya todos comprenden
que su **magia** reside en las plantas **que nacen y crecen**.